1차시

흥수아이야, 안녕!
(구석기 시대)

1. 한반도에 사람이 나타났어!

2. 옛날 사람들이 살던 시대!

3. 구석기인들의 최고 발명품, 뗀석기!

4. 흥수아이를 만나러 가요!

01 한반도에 사람이 나타났어!

우리나라에 언제부터 사람이 살기 시작했을까요? 우리가 고고학자가 되어 알아봐요.

1 우리가 살고 있는 한반도에는 언제부터 사람이 살기 시작했을까요? 알아맞혀 보세요.

나는 한반도에 _____ 년 전부터 살기 시작했어.

☐ 100년 전부터
☐ 1000년 전부터
☐ 10000년 전부터
☐ 100000년 전부터
☐ 500000년 전부터
☐ 700000년 전부터
☐ 1000000년 전부터

② 아주 옛날에 우리나라에 원시인이 살았다는 사실은 누가 알아냈을까요? 어떻게 알아냈을까요?

수학자 물리학자 고고학자 천문학자
지질학자 심리학자 미생물학자 철학자

③ 원시인들은 다른 동물과 달리 도구를 사용할 줄 알았어요. 다음 중 원시인들이 사용한 도구는 무엇일까요?

돌멩이 연필 조개껍데기 플라스틱
컴퓨터 동물뼈 권총 나무

02 옛날 사람들이 살던 시대!

원시인들이 처음으로 살던 시대를 구석기 시대라고 해요. 왜 구석기 시대라고 부르는지 알아봐요.

① 원시인들이 살던 시대에는 글자가 없었어요. 그래서 남아 있는 기록도 없어요. 그런데 우리나라에 원시인들이 살았다는 사실을 우리는 어떻게 알 수 있을까요?

遺	物
남길유	물건물

遺	蹟
남길유	자취적

유물(遺-남길유, 物-물건물) : 남긴 물건 – 선대의 인류가 후대에 남긴 물건
유적(遺-남길유, 蹟-자취적) : 남긴 자취 – 고고학적 유물이 남아 있는 곳

② 다음 중 유물은 ○, 유적은 △ 표시 하면서, 유물과 유적을 구별해 봐요.

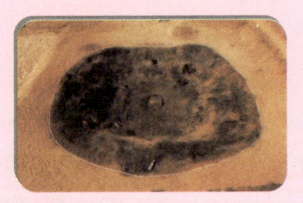

③ 기록이 없는 옛날 시대는 도구를 가지고 시대를 나눠요. 서로 알맞은 도구를 찾아 연결하며 시대 구분을 배워요.

舊	石	器
옛 구	돌 석	그릇 기

新	石	器
새 신	돌 석	그릇 기

靑	銅	器
푸를 청	구리 동	그릇 기

03 구석기인들의 최고 발명품, 뗀석기!

구석기 시대 사람들은 돌을 떼어내 만든 뗀석기를 사용했어요. 구석기인들이 뗀석기를 가지고 무엇을 했는지 알아봐요.

뗀석기(주먹도끼) 이야기

구석기인들이 사용한 돌멩이는 특별히 뗀석기라고 불러요. 돌을 떼어내 만들었다고 해서 붙은 이름이에요. 뗀석기는 길가에 굴러다니는 보통 돌멩이하고는 달라요. 구석기인들이 용도에 맞게 깨뜨려 정성껏 다듬은 돌이거든요. 그중에서 구석기인들이 가장 좋아한 뗀석기는 주먹도끼예요. 주먹도끼는 찍는 날과 자르는 날을 다 가지고 있어 사냥할 때, 동물 가죽을 벗길 때, 땅을 팔 때 등 어디서나 유용하게 사용할 수 있었거든요. 이런 주먹도끼가 주로 유럽에서만 발견되고, 동아시아에서는 한두 번 깨뜨려 날을 만든 간단한 찍개 같은 뗀석기만 발견됐어요. 그러자 학자들은 유럽은 주먹도끼 문화권, 동아시아는 찍개 문화권으로 나누었어요. 은근히 동아시아를 깔보는 주장이었지요. 그런데 1978년 우리나라에서 동아시아 최초로 주먹도끼를 발견했어요. 1978년 고고학과 학생이었던 보웬이라는 미군 병사가 전곡리 한탄강변에서 여자친구랑 데이트 하다가 발견했지요. 이 주먹도끼 덕분에 경기도 연천 전곡리는 세계적으로 유명한 구석기 유적지가 되었고, 학자들은 더 이상 찍개 문화권과 주먹도끼 문화권을 나누는 주장을 할 수 없게 되었답니다.

1 다음 두 돌멩이 중 어느 것이 뗀석기일까요? 왜 뗀석기라고 부르나요?

2 다음 두 돌멩이를 보고 찍개와 주먹도끼를 구별해 봐요. 어느 돌멩이가 더 발달한 뗀석기인가요?

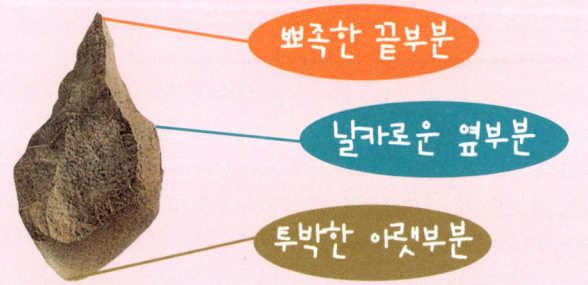

뾰족한 끝부분

날카로운 옆부분

투박한 아랫부분

3 구석기인들은 뗀석기를 가지고 먹을 것을 구했어요. 다음 그림을 잘 살펴보고 구석기인들이 뗀석기로 무엇을 하고 있는지 설명해 봐요. 그리고 구석기인들이 하는 말을 상상해서 말풍선에 써 봐요.

04 흥수아이를 만나러 가요!

이제 우리나라 구석기 시대에 살았던 흥수아이를 만나러 가요. 흥수아이를 만나서 구석기 시대 사람들이 어떻게 살았는지 알아봐요.

1 흥수아이가 구석기 시대 자기 집으로 여러분들을 초대했어요. 우리 집 주소를 써 주세요.

```
from. 충청북도 청원군 가덕면
       노현리 두루봉 동굴

       □□□-□□□

to.
```

2 흥수아이 초대장을 받았어요. 뭐라고 씌어 있는지 큰소리로 읽어 봐요.

초대장

날짜 : _____년 ____월 ____일 ____요일
장소 : 충청북도 청원군 두루봉 동굴과 그 주변
놀이 : 뗀석기 만들기, 사냥하기, 나물뜯기, 열매따기
음식 : 멧돼지 바비큐, 싱싱한 야채쌈

　나는 한반도 구석기 시대에 살았던 흥수아이야. 김흥수씨가 나의 뼈를 발견해서 이런 이름이 붙었어. 흥수 아저씨가 발견한 아이라는 뜻이지. 나는 4만 년 전에 두루봉 동굴에서 살다가 병에 걸려 5-6살 어린 나이에 죽었어. 우리 가족들은 무척 슬퍼하며 내 무덤 위에 국화 꽃가루를 뿌려주고 나의 장례식을 치러 주었단다. 우리 집을 잘 찾아오기를 바래.

③ 흥수아이 초대장에 적힌 주소를 잘 보고 흥수아이 집을 찾아가 봐요.

우리 집은 어느 도에 있나요?

흥수아이 집은 어느 도에 있나요?

우리집에서 흥수아이 집까지 선을 그어 보세요.

우리 집에서 흥수아이 집까지 얼마나 걸릴까요?

자가용   버스

④ 다음 여러 집 중에서 흥수아이가 살던 집을 찾아보세요. 왜 흥수아이 집이라고 생각했나요?

구석기인이 되어...

다음 그림은 구석기인들이 사냥하고 있는 모습을 상상해서 그린 그림입니다. 구석기인들이 사냥하면서 무슨 말을 했을지 상상해서 말풍선에 써 봐요.

한국사여행

2차시
우리 마을이 달라졌어요!
(신석기 시대)

1. 더 좋은 석기, 간석기!
2. 신석기인들의 위대한 발견, 농사!
3. 신석기인들의 최고 발명품, 빗살무늬 토기!
4. 신석기 시대 마을 탐방!

더 좋은 석기, 간석기!

우리나라는 1만 년 전쯤에 빙하기가 끝나면서 따뜻한 신석기 시대로 접어들었어요. 더 똑똑해진 신석기인들은 다양한 간석기를 만들어 구석기인들보다 더 편리한 생활을 했어요. 신석기인들이 사용한 다양한 간석기를 알아봐요.

 다음 두 석기가 어떻게 다른지 눈에 보이는 대로 설명해 봐요. 어느 게 간석기일까요?

◯ 석 기

뗀석기는 어떻게 만들었지?

◯ 석 기

간석기는 어떻게 만들었지?

간석기는 뗀석기에 비해 어떤 장점이 있을까요?

② 신석기 시대는 빙하기가 끝나면서 눈과 얼음이 녹아 바다가 넓어지고 강이 많이 생겨서 물고기잡이가 유행했어요. 다음 낚시 도구의 이름을 쓰고, 신석기인들이 이 낚시도구로 물고기를 어떻게 잡았는지 설명해 봐요.

뼈작살(부산 동삼동)   돌작살(양양 지경리)

| 작살 : 물고기를 찔러 잡는 도구

낚 시

뼈로 만든 이음낚시 바늘과 돌로 만든 축(부산 동삼동)

돌그물추(강원도 양양)

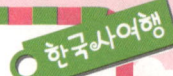

02 신석기인들의 위대한 발견, 농사!

신석기인들은 인류 최초로 농사를 짓기 시작했어요. 신석기인들이 어떻게 농사짓는 걸 알게 되었는지, 또 돌로 어떠한 도구(간석기)를 만들어 농사를 지었는지 알아봐요.

신석기인들의 삶을 바꾼 농사 이야기

조

수수

　아빠는 매일매일 창을 들고 사냥하러 나가고, 엄마는 아이들을 데리고 숲으로 갔어요. 엄마와 아이들은 버섯과 열매를 따 가지고 왔지요.

　그러던 어느 날 아침, 희한한 일이 일어났어요. 집 주변에 조그만 풀들이 돋아난 거예요! 땅에 떨어진 곡식 낟알이 자라 풀이 돋아난 거지요. 씨앗 한 톨에서 새싹이 나오고, 그것이 자라 수십, 수백 개 낟알이 열린다는 놀라운 사실을 알게 된 거예요.

　이제 신석기인들은 씨앗을 심을 넓찍한 땅을 만들기 위해 잡초를 뽑고 돌멩이를 골라냈어요. 돌보습에 나무 손잡이를 매달아, 넓적한 날을 땅에 박고 힘주어 끌면 딱딱한 땅이 잘 부서진다는 것도 알게 되었어요. 신석기인들은 밭을 만들고, 흙을 갈고, 씨앗을 뿌리고, 잡초를 뽑았어요. 비가 오지 않아서 풀이 시들해지면 강이나 호수에서 물을 날라 왔어요. 농사 기술이 발달할수록 점점 더 씨앗을 많이 거두게 되었고, 먹을 게 점점 더 많아졌어요.

　이제 원시인들은 먹을 걸 구하러 다니는 떠돌이 생활을 그만두고 농사짓는 땅 근처에 움집을 짓고 한곳에 모여 살기 시작했어요. 떠돌이 부족들도 마을에 왔다가는 떠나지 않고 눌러 살았어요. 이렇게 사람들이 한 곳에 모여 살면서 신석기 마을은 점점 더 커져 갔답니다.

- 김성화·권수진 글, 〈어린이가 처음 배우는 인류의 역사〉, 토토북, 조금 고쳐서 인용 -

1 신석기 시대에 새로 생긴 직업은 무엇인가요?

① 사냥꾼　　② 어부　　③ 농부　　④ 식물 채집꾼

2 신석기인들이 사용한 농사 도구(간석기)가 하는 일을 바르게 짝지어 보세요.

돌도끼
씨앗을 심을 넓직한 땅을 만들기 위해 나무를 베어 내요.

돌보습
땅을 갈아서 흙을 부드럽게 해 줘요. 땅을 깊이 갈수록 공기가 많이 들어가 식물의 뿌리가 튼튼해져 농사가 잘돼요.

돌괭이
얽히고설킨 나무뿌리를 파내고 잡초를 뽑고 돌멩이를 골라냈어요.

3 신석기인들이 농사를 짓기 시작하면서 달라진 점을 찾아봐요. 누가누가 많이 찾아내나 시작!!

03 신석기인들의 최고 발명품, 빗살무늬 토기!

신석기인들은 주변에 먹을 게 많아지자 '토기'라는 새로운 발명품을 만들어 냈어요. 신석기인들이 살았던 집터 유적인 서울 암사동 토기 발굴 현장으로 함께 가 봐요.

암사동 발굴 이야기

서울 암사동 유적지에서 발견된
빗살무늬 토기, 갈판과 갈돌

1925년 여름, 한강은 태풍으로 두 차례 대홍수가 났어요. 그 물이 채 빠지기도 전에 다시 장대비가 쏟아져 한강이 흘러넘쳤지요. 서울을 쑥대밭으로 만든 이 대홍수는 '고고학자'이기도 했답니다. 대홍수가 지나간 자리에 아주 중요한 두 가지 유적이 모습을 드러냈거든요. 하나는 지금의 서울 송파구에 자리한 풍납토성이고, 다른 하나는 암사동 선사 유적지였어요.

암사동 집자리 발굴 현장

하지만 홍수가 '발굴'한 암사동 유적지는 곧바로 발굴하지 못하고, 1971년에야 발굴하기 시작했어요. 조사 결과 이곳은 신석기 시대 대규모 집자리 유적으로 밝혀졌어요. 많은 수의 빗살무늬 토기를 비롯해 움집터, 돌화살촉, 그물추, 갈돌과 갈판 등의 간석기가 발굴되어 신석기인들의 생활을 알려 주었답니다.

1 토기란 무엇인가요? 신석기 시대 사람들은 왜 토기가 필요해졌을까요?

土(흙 토) + 器(그릇 기) =

2 빗살무늬 토기를 자세히 살펴보면 위, 가운데, 밑의 무늬가 다릅니다. 세 부분의 무늬를 똑같이 따라 그려 보세요. 암사동에 살던 신석기인들은 왜 이러한 무늬를 새겨 넣었을까요?

아가리 무늬

몸통 무늬

바닥 무늬

서울 암사동, 높이 25.9cm

3 신석기 유적지에서는 갈판과 갈돌이 많이 발굴됩니다. 다음 갈판과 갈돌은 무엇을 하는 데 사용했을까요?

서울 암사동, 길이 45cm

04 신석기 시대 마을 탐방

신석기 시대 사람들은 강가나 바닷가 근처에 움집을 짓고 모여 살았어요. 강가나 바닷가 주변에는 먹을 게 많았거든요. 신석기 시대 마을 그림을 보면서 신석기 시대 사람들이 어떻게 살았는지 알아봐요.

Q 다음 신석기 시대 마을 그림에서 아래 장면을 찾아봐요.

- 고기잡이
- 목축
- 농사
- 움집
- 토기 굽기

신석기 시대의 마을은 왜 강가나 바닷가에 있을까요?

② 신석기인들은 움집이라는 멋진 집을 지었어요. 왜 움집이라 불렀나요?

암사동 움집터

암사동 움집 복원 모형

③ 다음 신석기 유적지를 지도에서 찾아보세요. 우리 집에서 가장 가까운 신석기 유적지는 어디인가요?

서울 암사동 유적

양양 오산리 유적

부산 동삼동 유적

제주 고산리 유적

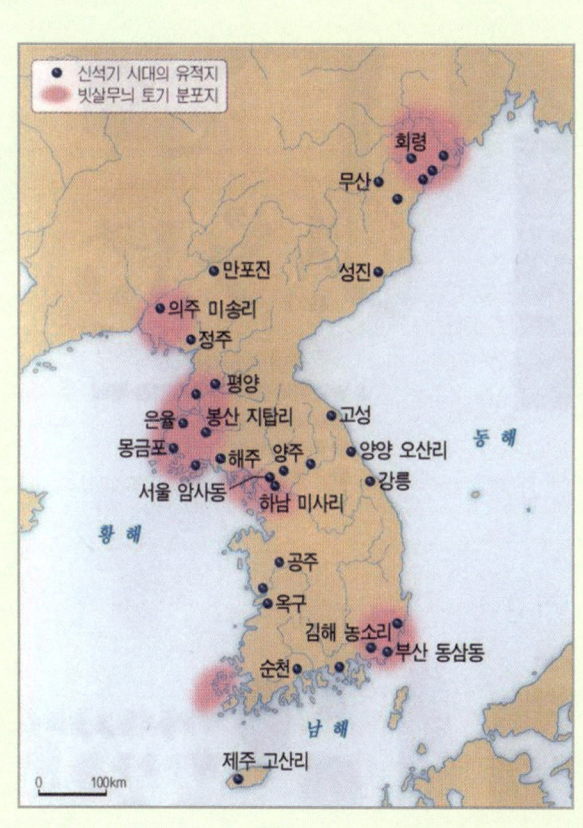

신석기인이 되어...

다음 그림은 신석기인들의 생활 모습을 상상해서 그린 그림입니다. 신석기인들이 일하면서 무슨 말을 했을지 상상해서 말풍선에 써 봐요.

3차시
고인돌 만들기는 힘들어!
(청동기 시대)

1. 청동이란 무엇인가?

2. 청동기 시대, 부족장이 나타나다!

3. 청동기는 부족장만 가질 수 있어!

4. 고인돌 만들기는 너무 힘들어!

01 청동이란 무엇인가?

이제 기나긴 석기 시대가 끝나고 금속으로 도구를 만들어 쓰는 청동기 시대가 되었어요. 먼저 청동이 무엇인지 알아봐요.

컴퓨터보다 위대한 발명, 청동기

사람과 호랑이가 싸우면 누가 이길까요? 물론 맨손으로 호랑이한테 덤비다가는 잡혀 먹기 십상이겠죠. 하지만 사람이 화살이나 칼 같은 무기를 사용한다면 또 모를 일이지요.

사람이 동물과 다른 이유는 여러 가지겠지만 그 가운데 중요한 하나가 도구를 사용한다는 것입니다. 그래서 인류가 동물처럼 살던 시대를 벗어나 '인간'으로 살아가기 시작하면서부터는 사용한 도구에 따라 시대를 구분합니다. 석기 시대, 청동기 시대, 철기 시대처럼 말이지요.

사실 석기 시대에 썼던 돌로 만든 화살촉이나 칼도 아주 날카롭고 단단해 호랑이를 사냥하는 데 큰 문제는 없을 것 같아 보입니다. 하지만 돌로 만든 도구는 쉽게 깨지고 휘거나 구부릴 수 없는 단점이 있지요.

사람들이 돌 다음으로 발견한 새로운 재료는 금속이었지요. 금속은 뜨거운 열로 녹이면 액체가 되므로 모양을 마음대로 만들 수 있고, 열을 식히면 다시 돌처럼 단단해지는 장점을 가졌죠. 인류가 가장 먼저 사용한 금속은 구리였습니다.  구리는 무른 금속이지만 주석이나 아연 같은 금속을 섞으면 아주 단단해져요.

금속으로 무기를 만드는 일은 별것 아닌 것 같지만 당시로서는 오늘날의 컴퓨터보다도 더 위대한 발명이었다고 할 수 있답니다. 그래서 구리에 주석을 섞어 청동기를 만드는 기술은 몇몇 사람만이 비밀로 간직했고, 그 사람들은 지배자가 되었지요.

청동의 뜻을 풀면 푸른 구리입니다. 그런데 푸른 구리라니요? 구리는 본래 푸른색이 아닙니다. 전선의 껍질을 벗겨 보세요. 그 안에 있는 붉은빛을 띠는 가느다란 선이 바로 구리거든요. 구리에 주석을 섞는다 해도 약간 누런빛을 띠지 푸른색은 아닙니다. 그런데도 왜 청동이라는 이름이 붙었을까요?

구리가 녹이 슬면 푸른빛을 띠기 때문이에요. 구리로 만든 유물들은 오랫동안 땅 속에 묻힌 채 녹이 슬었지요. 그러니 발굴된 뒤 우리 눈에는 푸르게 보일 수밖에 없습니다. 그래서 유물을 발견한 사람들이 '청동기'라는 이름을 붙인 것이지요.

― 이재정 글, 〈친절한 우리 문화재 학교〉, 길벗어린이 ―

① 다음 시대를 올바른 순서대로 나열해 보세요.

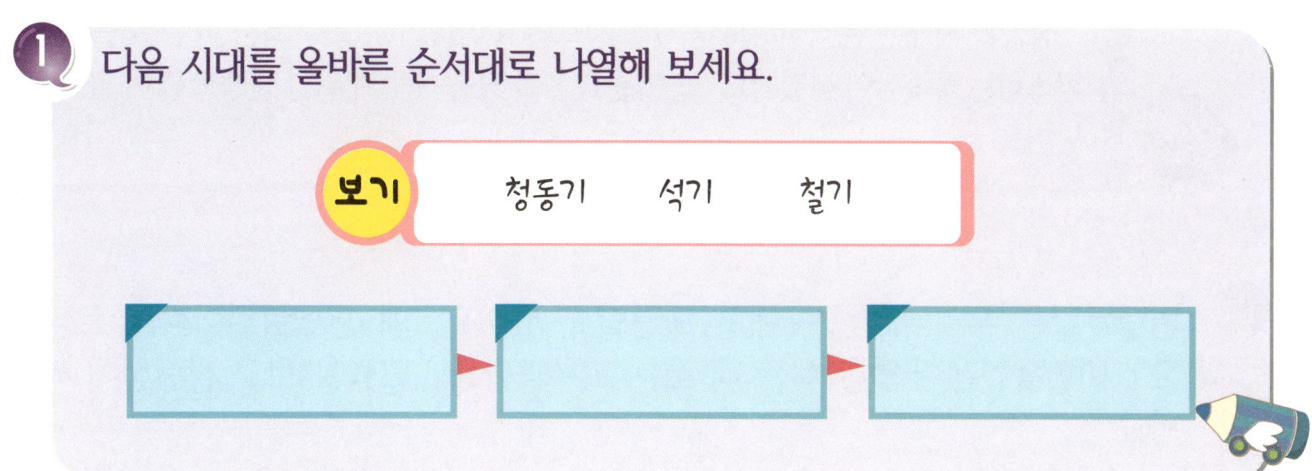

보기: 청동기   석기   철기

② 청동은 원래 푸른색이 아니에요. 그런데 왜 청동이라 불렀을까요?

 푸를 청
 구리 동

③ 금속 도구가 돌 도구보다 좋은 점은 무엇인가요?

④ 지배자들은 청동기 만드는 기술을 왜 비밀로 했을까요?

밑줄 친 문장을 잘 읽어 보세요.

동검 거푸집

02 청동기 시대, 부족장이 나타나다!

청동기 시대는 본격적으로 농사를 지으면서 마을의 규모가 커지고, 큰 마을을 다스리는 부족장이 생겼어요. 또 이웃 마을의 땅을 빼앗기 위한 전쟁도 많이 일어났어요.

① 반달돌칼은 우리나라 곳곳에서 발견되고 있어요. 왜 반달돌칼이라 부르나요? 반달돌칼은 무엇을 하는 데 쓰는 도구일까요? 그림을 보고 말풍선에 써 봐요.

② 다음 두 토기 중 청동기인들이 사용한 민무늬 토기를 찾아봐요. 신석기인들이 사용한 토기와 무엇이 다른가요?

◀ 빗살무늬 토기

◀ 송국리형 토기

③ 다음 청동기 마을 그림에서 방어 시설을 찾아봐요. 이러한 방어 시설이 왜 필요했을까요?

방어 시설	
환호	마을 둘레에 파놓은 도랑
목책	나무울타리
망루	망을 보기 위해 높은 데 세운 대

▲ 부여 송국리 유적
(우리나라 최대 규모의 청동기 마을 유적으로, 가운데 나무가 많은 언덕에 집터와 나무울타리가 있다.)

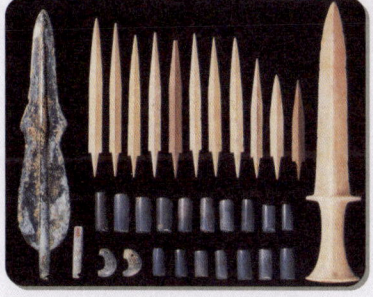

청동검, 돌검, 돌화살촉을 찾아봐요.

◀ 부여 송국리에서 나온 유물

④ 힘이 센 부족은 다른 부족을 정복하여 무엇을 얻었나요?

| 부족(部–마을부, 族–친족족) : 같은 조상·언어·종교 등을 가진, 원시 사회의 지역 생활 공동체

03 청동기는 부족장만 가질 수 있어!

청동기 시대라고 누구나 청동기를 가질 수는 없었어요. 청동기는 힘센 부족장만 가질 수 있었고 일반 백성들은 여전히 석기를 사용했어요.

청동기 유물 발굴 이야기

1971년 어느 여름날, 전라도 시골에 사는 구씨 아저씨가 집 담장을 고치려고 땅을 팠어요. 한참 땅을 파 내려가다 보니까 탕탕 소리가 나는 거예요.

"어, 땅속에 뭐가 있나? 왜 소리가 나지?"

구씨 아저씨가 계속 땅을 파 내려가자 여러 물건들이 나오기 시작했어요. 녹이 잔뜩 슬어 푸른빛을 띠는 이상한 물건들이었어요.

"어, 이게 뭐지? 엿장수에게나 줘 버려야겠다."

화순 대곡리 청동유물 출토비

구씨 아저씨는 그 이상한 물건들을 엿장수 아저씨한테 줘 버렸어요. 그 물건들을 수상하게 여긴 엿장수 아저씨는 전라남도 도청에 신고했어요. '문화재보호법'은 땅속의 문화재를 발견하면 즉시 신고하게 되어 있거든요. 그 이상한 물건들은 바로 귀중한 청동기 유물이었어요. 그래서 비파형동검, 청동거울 같은 귀중한 청동기 유물이 세상에 알려지게 되었답니다.

1 대곡리 청동기 유물은 어떻게 해서 세상에 알려지게 되었나요?

2 땅 속의 문화재를 발견하면 어떻게 해야 하나요?

3 다음 청동기 유물들의 이름을 바르게 연결해 보세요. 왜 이런 이름이 붙었나요? 이 청동기들은 누가 무슨 용도로 사용했을까요?

04 고인돌 만들기는 너무 힘들어!

고인돌은 청동기 시대 부족장의 무덤이에요. 전 세계 고인돌의 거의 절반 정도가 우리나라에 있을 정도로 우리나라는 고인돌의 왕국이에요. 청동기 시대의 대표적인 유물인 고인돌에 대해 알아봐요.

 우리나라에서 가장 큰 다음 강화 고인돌을 보고 물음에 답해요.

> 고인돌은 무게가 수십 톤이 넘는 거대한 돌무덤입니다. 족장이나 지배자의 무덤으로 알려져 있는 고인돌은 괸돌 또는 고임돌에서 그 이름이 유래했습니다. 고인돌은 우리나라뿐만 아니라 유럽과 북아프리카의 여러 나라, 인도, 중국, 일본 등에서도 볼 수 있는 유적으로, 고인돌을 부르는 이름도 여러 가지입니다.

인천 강화도 부근리 고인돌(덮개돌 길이 710cm, 폭 550cm)

 덮개돌과 고임돌을 찾아봐요.

 왜 고인돌이라는 이름이 붙었을까요?

 무슨 용도로 썼을까요?

② 고인돌은 덮개돌의 형태에 따라 3가지로 나눠요. 덮개돌의 모양을 잘 살펴 보고 알맞은 이름을 찾아 연결해요.

 •

 •

 •

③ 옛날에는 포크레인도 없는데 이렇게 큰 돌을 어떻게 옮겼을까요? 그림을 보고 설명해 봐요.

고인돌 만드는 작업을 고고학적으로 실험해본 결과, 강화도 부근리 고인돌은 덮개돌의 무게가 80톤에 이르므로 최소한 어른 500명을 동원하여 만들었다는 계산이 나온다.

청동기 시대의 아이가 되어...

오늘은 정말 슬픈 날이에요. 청동무기로 무장한 이웃 부족의 힘이 너무 강해 열심히 싸웠지만 지고 말았어요. 나는 이제부터 이웃 부족의 노예가 된대요. 하루아침에 노예가 된 청동기 시대의 그 아이가 되어 일기를 써 봐요.

날짜:

날씨:

제목:

청동기 시대의 아이가 되어...

4차시
우리나라 건국 신화
(고조선)

1. 단군왕검 이야기 1
2. 단군왕검 이야기 2
3. 단군왕검 이야기 3
4. 단군신화 해석하기

 단군왕검 이야기 1

 우리 민족이 처음으로 세운 나라는 고조선이에요. 고조선의 건국 신화를 읽고, 그 속에 담긴 비밀을 찾아봐요.

환웅, 땅으로 내려오다

　아주 먼 옛날, 하늘나라를 다스리는 환인에게 환웅이란 아들이 있었어요. 환웅은 하늘나라보다 사람들이 사는 세상에 관심이 많았어요.
　환웅은 아버지에게 마음속 생각을 털어놓았어요.
　"아버님, 저는 사람들이 사는 저 땅에 내려가고 싶어요. 가서 사람들이 살아가는 데 필요한 일들을 도와주고 싶어요."
　"그래, 그렇다면 내가 여러 곳을 살펴본 다음에 사람들에게 도움을 줄 수 있는 좋은 곳을 찾아주겠다."
　환인은 태백산을 내려다보다가 환웅을 불렀습니다.
　"환웅아, 내가 사람들을 널리 이롭게 하기에 좋은 곳을 찾아냈으니 그 곳으로 내려가거라. 내려갈 때에는 이것을 가져가거라."
　㉠<u>환인은 환웅에게 하늘나라를 상징하는 물건 3개를 주었어요.</u>
　"이 세 가지 물건은 나라를 다스리는 데 꼭 필요한 것으로, 아주 신기한 힘이 있다. 이것만 있으면 어떤 어려움이라도 이겨낼 것이니 소중하게 간직하거라."
　환웅은 아버지가 준 물건들을 가지고 바람을 다스리는 신(풍백), 비를 다스리는 신(우사), 구름을 다스리는 신(운사)를 비롯해 3000명의 무리를 거느리고 태백산 꼭대기에 있는 신단수 아래로 내려왔어요. 신단수는 '신성한 나무'라는 뜻이에요. 환웅은 땅에 내려오자마자 하늘나라에 제사 지낼 제단을 만들고, 그 아래쪽에 터를 닦아 마을을 만들었어요.

　환웅은 사람들에게 농사짓는 법을 가르쳤고, 사람들의 목숨을 보호하고 병을 낫게 해주고, 좋은 일을 하는 사람에게는 상을 내리고 나쁜 짓을 하는 사람에게는 벌을 주는 등 360가지나 되는 인간의 일을 직접 다스렸어요.

－《어린이 삼국유사》 1, 주니어김영사, 조금 고쳐서 인용 －

1 환웅은 하늘나라에서 왜 땅으로 내려오고 싶어했나요?

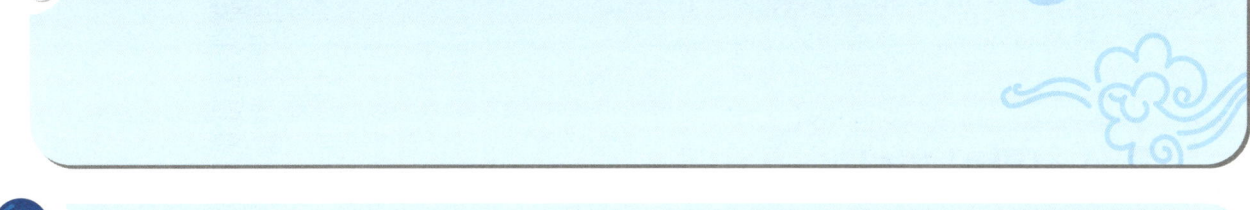

2 다음 중 환웅이 하늘나라에서 가져온 ㉠에서 말하는 물건은 무엇일까요?

3 환웅은 다음 세 신하들을 데리고 나라를 다스렸습니다. 이 신하들은 무슨 일을 담당했을까요?

02 단군왕검 이야기 2

우리 민족이 처음으로 세운 나라는 고조선이에요. 고조선의 건국 신화를 읽고, 그 속에 담긴 비밀을 찾아봐요.

곰이 사람이 되다

환웅이 사는 곳 가까이에 동굴이 있었어요. 그 동굴 속에는 곰 한 마리와 호랑이 한 마리가 살고 있었죠. 오래 전부터 사람이 되고 싶어했던 곰과 호랑이는 환웅을 찾아와 부탁했어요.

"환웅님, 우리도 사람이 되게 해 주십시오. 소원이니 꼭 들어주세요."

"너희들 소원이 정 그렇다면 사람이 되게 해 주지. 그러나 내가 시키는 대로 해야만 사람이 될 수 있다."

"예, 환웅님, 사람이 될 수만 있다면 무슨 일이라도 하겠습니다."

환웅은 곰과 호랑이에게 쑥 한 줌과 마늘 스무 쪽을 나누어 주었어요.

"이 쑥과 마늘만 먹으면서 백 일 동안 동굴 속에서 햇빛을 보지 말고 기다려야 한다. 그래야만 너희들 소원대로 사람이 될 수가 있다. 그렇게 할 수 있겠느냐?"

"예, 말씀대로 하겠습니다."

곰과 호랑이는 자신 있게 대답했지요. 동굴로 돌아온 곰과 호랑이는 마늘과 쑥만 먹으며 동굴 속에서 지냈어요. 며칠이 지나자 호랑이는 답답한 동굴 생활이 참을 수 없어 투덜댔어요.

"어유, 답답해. 캄캄한 동굴 속에서 이게 무슨 고생이람? 게다가 마늘과 쑥만 먹고 지내라니……. 나는 도저히 참을 수 없어! 사람이 되지 않아도 좋아. 나는 나가서 마음껏 뛰어놀 테야."

"안 돼. 사람이 되려면 이런 어려움은 견뎌 내야만 해. 조금만 더 참고 기다리자."

곰이 호랑이를 달랬지만, 호랑이는 더 이상 참지 못하고 동굴을 뛰쳐나가고 말았어요.

하지만 곰은 호랑이가 떠난 뒤에도 동굴 밖으로 나오지 않았어요. 곰이 동굴에서 견딘 지 삼칠 일(21일)이 되는 날, 곰은 사람이 되었어요. 곰은 여자로 변했는데, 사람들은 '웅녀'라고 불렀어요.

① 환웅이 땅으로 내려와 사람들에게 해준 일은 무엇인가요? 사람들은 환웅을 어떻게 생각했을까요?

② 곰과 호랑이는 환웅을 찾아가 무엇을 빌었나요?

③ 환웅은 곰과 호랑이에게 어떻게 하면 사람이 될 수 있다고 했나요?

④ 곰과 호랑이 중 끝까지 약속을 지켜 사람이 된 것은 누구인가요?

03 단군왕검 이야기 3

 우리 민족이 처음으로 세운 나라는 고조선이에요. 고조선의 건국 신화를 읽고, 그 속에 담긴 비밀을 찾아봐요.

단군왕검, 고조선을 세우다

얼마 지나지 않아 웅녀에게는 새로운 바람이 생겼어요. 혼자 쓸쓸히 지내다 보니 귀여운 아이를 낳아 기르고 싶어진 거예요.

웅녀는 날마다 신단수 아래 가서 정성껏 소원을 빌었어요.

"제발 귀여운 아이를 낳게 해 주세요."

환웅은 이런 웅녀의 마음을 헤아리고 있었어요.

"내가 잠시 사람으로 변해 저 여인의 남편이 되어 주자."

환웅은 사람으로 변해 웅녀와 결혼했어요. 드디어 웅녀는 오랜 소원인 아이를 갖게 되었지요.

얼마 뒤, 웅녀는 아주 건강하고 잘생긴 사내아이를 낳았어요. 아이는 자라면서 점점 더 환웅을 닮아 아주 슬기롭고 용감했어요. 아이가 자라 환웅의 뒤를 이어받았는데, 이 분이 바로 단군왕검이에요.

훗날 단군왕검은 평양에 도읍을 정하고 나라 이름을 조선이라고 했어요. ㉠그뒤 단군왕검은 도읍을 아사달로 옮기고 1500년 동안 나라를 다스리다가, 1908세가 되어 아사달 깊은 골짜기로 들어가 산신이 되었어요.

단군왕검이 세운 조선이 우리나라에서 가장 먼저 세워진 나라인 고조선이랍니다.

1 우리나라 최초의 국가인 고조선을 세운 사람은 누구인가요? 단군왕검의 엄마와 아빠는 누구인가요?

❷ 단군왕검의 뜻은 무엇인가요? 단군왕검이 ㉠처럼 1500년이나 나라를 다스렸다는 것은 무슨 뜻일까요?

| 단군(제사장) | + | 왕검(정치지배자) | = |

❸ 단군왕검은 나라 이름을 조선이라 지었는데, 왜 우리는 고조선이라 부르나요?

❹ 10월 3일 개천절은 무엇을 기념하는 국경일인가요?

| 開 열 개 | 天 하늘 천 | 節 기념일 절 |

❺ 단군왕검은 강화도 마니산에 참성단을 짓고 환인과 환웅에게 제사를 지냈어요. 우리 조상들은 나라에 어려운 일이 생기면 참성단에서 제사를 지냈어요. 왜 그랬을까요?

> 참성단은 고조선뿐 아니라 고구려, 백제, 신라, 고려, 조선에서도 나라의 중요한 제사를 지냈어요.

04 단군신화 해석하기

 우리 민족이 처음으로 세운 나라는 고조선이에요. 고조선의 건국 신화를 읽고, 그 속에 담긴 비밀을 찾아봐요.

1 신화란 신들의 이야기입니다. 단군신화에서 신은 누구인가요?

| 신화(神-신신, 話-이야기화) : 신들의 이야기

2 단군신화와 같은 건국 신화를 만들어내는 사람은 누구일까요?

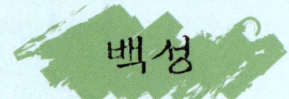 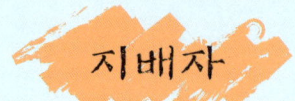 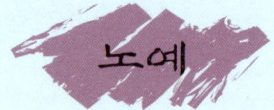

3 왜 지배자들은 이렇게 신비로운 이야기를 꾸며냈을까요?

4 신화에는 현실에서 있을 수 없는 이야기들이 많이 나옵니다. 이러한 이야기는 어떠한 태도로 읽어야 할까요?

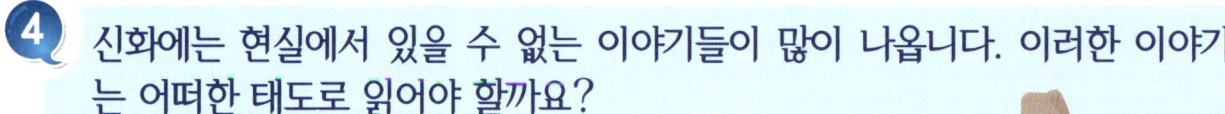

5 신화는 말도 안 되는 이야기 같지만 잘 들여다보면 당시의 역사적 사실을 알 수 있어요. 단군 신화에서 말도 안 되는 얘기가 어떠한 뜻을 담고 있는지 해석해 봐요. 알맞은 해석을 연결해 봐요.

말도 안 되는 이야기	숨어 있는 뜻
환웅이 하늘나라에서 천부인과 세 신하를 이끌고 땅으로 내려왔다.	왕검은 곰부족과 환웅 세력의 힘을 바탕으로 조선이라는 큰 나라를 세웠다.
곰과 호랑이가 사람이 되고 싶어했다.	더 발달한 청동기 문명과 농사 기술을 가진 부족이 이주해 왔다.
환웅은 웅녀와 혼인하여 단군왕검을 낳았다.	환웅부족은 몇 가지 시험 끝에 곰부족과 연합하기로 했다.
단군왕검은 조선을 세웠다.	곰부족과 호랑이부족은 더 발달된 문명을 가진 환웅부족과 합치고 싶어했다.
단군왕검은 1908세까지 살았다.	단군왕검이라는 직책이 1908년 동안 이어졌다.

단군신화

다음은 단군왕검 이야기를 우표로 만든 거예요. 어느 장면을 그린 것인지 써 보고, 선생님이나 부모님한테 단군신화 이야기를 해줘요.

이 달의 역사책

선사시대와 고조선

어린이가 처음 배우는 인류의 역사

김성화, 권수진 글
홍기한 그림
토토북

어린이 삼국유사

어린이삼국유사편찬위원회 글
한창수 그림
주니어김영사

내가 읽은 역사책

책이름

지은이

출판사

읽은날

이 책을 읽고 알게 되었어요!

이 곳에 가고 싶어요

이번 달에 배운 유적지 중 가장 가보고 싶은 곳 하나를 골라 답사 계획서를 작성해 보세요.

유적지	
유적지 주소	
답사 예정 날짜	함께할 사람
가보고 싶은 이유	
보고 싶은 유물과 유적	

답사 여행을 다녀와서

재미있게 답사를 잘 다녀왔지요? 보고서로 정리하면 더욱더 잊혀지지 않는 추억이 된답니다.

이름		날짜	년 월 일

유적지 이름

같이 간 사람

내가 본 유물과 유적

느낀 점

티켓 / 사진 붙이는 곳

1차시 흥수아이야, 안녕! 1쪽~

01. 한반도에 사람이 나타났어!
1. 700000년 전부터
2. 고고학자
   원시인들의 흔적(사람뼈, 도구 등)을 발견해서
3. 돌멩이, 동물뼈, 조개껍데기, 나무

02. 옛날 사람들이 살던 시대!
1. 유물과 유적으로 알아낸다.
2. 왼쪽 위부터 화덕자리 – △, 뗀석기 – ○, 고인돌 – △, 간석기 – ○, 주먹도끼 – ○, 청동거울 – ○, 동굴 – △
3. 구석기 – 두 번째 그림(뗀석기)
   신석기 – 세 번째 그림(간석기)
   청동기 – 첫 번째 그림(청동기)

03. 구석기인들의 최고 발명품, 뗀석기!
1. 오른쪽, 돌을 깨뜨려서, 떼어내어 만들었기 때문에
2. 왼쪽 – 찍개, 오른쪽 – 주먹도끼 / 주먹도끼
3. 그림을 보고 구석기인들이 했을 법한 말을 상상하여 자유롭게 써 본다.

04. 흥수아이를 만나러 가요!
1. 우리 집 주소를 쓴다.
2. 큰 소리로 읽어보고, 오늘 날짜를 적는다.
3. 예시) 우리 집 – 경기도 / 흥수아이 집 – 충청북도 / 경기도와 충청북도를 색칠하고 경기도에서 충청북도까지 선을 긋는다. / 자가용이나 버스로 가면 얼마나 걸릴지 엄마에게 물어본다.
4. ② 동굴, 구석기 시대 사람들은 먹을 것을 찾아 이동하는 생활을 했기 때문에 집을 짓지 않고 동굴에서 살았다.

2차시 우리 마을이 달라졌어요! 11쪽~

01. 더 좋은 석기, 간석기!
1. 구, 신 / 돌을 깨서 만들었다. / 돌을 갈아서 만들었다. / 모양을 만들기 쉽다, 날이 망가져도 다시 갈아서 사용할 수 있다. 등등
2. 작살, 작살은 나무 막대기에 연결해서 직접 물고기를 찔러서 잡았다. / 이음, 이음낚시는 줄에 낚싯바늘을 연결해서 미끼로 물고기를 잡았다. / 그물, 그물을 이용해서 한 번에 많은 물고기를 잡을 수 있게 되었다.

02. 신석기인들의 위대한 발견, 농사!
1. ③ 농부
2. 첫 번째 그림 – 돌도끼
   두 번째 그림 – 돌괭이
   세 번째 그림 – 돌보습
3. 더 이상 이동생활을 하지 않아도 되었다. 집을 짓고 살기 시작했다. 마을이 더 커졌다 등 글을 읽고 구석기 시대와 다른 점을 찾아본다.

03. 신석기인들의 최고 발명품, 빗살무늬 토기!
1. 흙으로 만든 그릇, 농사지은 곡식들을 저장하기 위해서.
2. 그림을 보고 똑같이 따라 그려 본다. / 불에 구울 때 갈라지는 것을 막기 위해, 미끄러지지 않아 잡기 편하게 하기 위해, 물고기가 많이 잡히기를 바라는 마음으로 생선뼈 무늬를 새긴 것이다 등 자유롭게 상상해서 이야기한다.
3. 곡식을 가는 데 사용했다.

04. 신석기 시대 마을 탐방
1. 각각의 장면을 그림에서 찾아본다.
2. 땅을 파고 집을 지었기 때문에, 우리 조상들은 땅을 파서 물건을 저장하던 구덩이를 움이라고 불렀다.
3. 지도에서 찾아 표시한다.

47

3차시 고인돌 만들기는 힘들어! 21쪽~

01. 청동이란 무엇인가?
1. 석기 → 청동기 → 철기
2. 청동이 녹이 슬면 푸르게 변하기 때문에 (발굴되는 청동기들이 녹이 슬어 푸른빛으로 보여서)
3. 구리를 녹여 모양을 자유롭게 만들 수 있다. (거푸집 모양에 따라 정교한 모양으로 만들 수 있다. 더욱 날카로운 도구를 만들 수 있다. 못쓰게 된 것을 녹여서 다시 만들 수 있다 등)
4. 청동을 만들 수 있는 사람은 지배자가 될 수 있었기 때문에

02. 청동기 시대, 부족장이 나타나다!
1. 반달처럼 생긴 돌로 만든 칼이어서 / 곡식의 이삭을 자르는 데 사용했다.
2. 무늬가 없다. 바닥이 평평하다. 주둥이가 있다 등 사진을 보고 찾아 본다.
3. 환호 : 마을을 둘러싼 도랑, 목책 : 나무 울타리, 망루 : 그림의 맨 오른쪽 위에 서 있다. / 청동기 시대에는 다른 부족의 좋은 땅과 먹을 것을 빼앗기 위한 전쟁이 많아져서 외부의 침입을 막기 위한 방어 시설이 필요해졌다.
4. 넓은 땅, 곡식, 노예 등

03. 청동기는 부족장만 가질 수 있어!
1. 구씨 아저씨가 담장을 고치려고 땅을 파다가 발견했다.
2. 나라에 신고해야 한다.
3. 첫 번째 그림 – 비파형 동검(비파처럼 생겨서), 두 번째 그림 – 세형동검(검이 가늘어서), 세 번째 그림 – 청동거울(청동으로 만든 거울이어서), 네 번째 그림 – 팔모방울(팔주령, 방울이 8개여서), 다섯 번째 그림 – 쌍방울(쌍두령, 방울이 2개여서) / 청동기 시대 지배자들이 제사를 드릴 때나 자신들의 권위를 높일 때 사용한 도구들이다.

04. 고인돌 만들기는 너무 힘들어!
1. – 그림에서 찾아본다.
   – 괸돌, 또는 고임돌이라는 뜻에서 이름이 유래되었다.
   – 지배자의 무덤, 제단 등 자유롭게 상상해 본다.
2. 탁자식 고인돌 – 세 번째 그림
   바둑판식 고인돌 – 첫 번째 그림
   덮개돌식 고인돌 – 두 번째 그림
3. 수백 명의 사람들이 돌 밑에 통나무를 깔고 줄로 당겨 옮겼다.

4차시 우리나라 건국 신화 31쪽~

01. 단군왕검 이야기 1
1. 땅에 사는 사람들을 도와주고 싶어서
2. 청동방울, 청동거울, 청동검(천부인이 무엇인지는 정확히 알 수 없으나 인간 세상을 다스리는 데 유용한 물건은 무엇일까 상상해 본다. [참조 "단군의 아버지 환웅이 천제 환인으로부터 받아 가지고 내려왔다는 것으로, 《삼국유사》에 따르면 청동검·청동거울·청동방울의 3가지로 추측된다."(두산백과) / "그 물건의 이름은 알 수 없으나 이 기사 밑에 풍백·우사·운사를 거느렸다는 말이 있는 것으로 보아 이 3개는 바람·비·구름에 관한 인수가 아닌가 추측된다."(네이버 지식백과)]
3. 농사를 잘 지을 수 있게 날씨를 담당했다.

02. 단군왕검 이야기 2
1. 농사짓는 법을 가르치고, 병을 낫게 해주는 등 360가지의 인간의 일을 다스렸다. / 사람들은 환웅을 숭배하고 고마워했을 것이다 등 자신의 생각을 이야기한다.
2. 사람이 되게 해달라고 빌었다.
3. 동굴에 들어가서 햇빛을 보지 말고 쑥과 마늘만 먹으면서 100일을 지내면 사람이 될 수 있다고 했다.
4. 곰만 약속을 지켜 사람이 될 수 있었다.

03 단군왕검 이야기 3
1. 단군왕검 / 엄마 – 웅녀, 아빠 – 환웅
2. 제사장을 뜻하는 단군과 정치 지배자를 뜻하는 왕검이 합쳐진 말, 단군왕검이 1500년이나 나라를 다스렸다는 것은 한 명이 그렇게 오래 산 것이 아니라 고조선의 지배자에 대한 호칭이 단군왕검이라는 것을 말한다.
3. 나중에 세워진 조선과 구분하기 위해서
4. 단군왕검이 고조선을 세운 것을 기념하는 날
5. 사람들을 도와 첫 나라를 세운 환인과 환웅이 우리 민족에게 다시 도움을 주기를 기원하는 의미에서 하늘에 제사를 지냈다.

04. 단군신화 해석하기
1. 환인, 환웅
2. 지배자
3. 지신들의 권위를 높이기 위해서
4. 신화 속에 담긴 뜻을 잘 해석하려고 노력한다.
5. 환웅이 하늘나라에서 천부인과 세 신하를 이끌고 땅으로 내려왔다. – 더 발달한 청동기 문명과 농사 기술을 가진 부족이 이주해 왔다.
   곰과 호랑이가 사람이 되고 싶어했다. – 곰부족과 호랑이부족은 더 발달된 문명을 가진 환웅부족과 합치고 싶어했다.
   환웅은 웅녀와 혼인하여 단군왕검을 낳았다. – 환웅부족은 몇 가지 시험 끝에 곰부족과 연합하기로 했다.
   단군왕검은 조선을 세웠다. – 왕검은 곰부족과 환웅 세력의 힘을 바탕으로 조선이라는 큰 나라를 세웠다.
   단군왕검은 1908세까지 살았다. – 단군왕검이라는 직책이 1908년 동안 이어졌다.